Johann-Konrad Renzinger

Holländische Rezepte

Die besten Rezepte aus den Niederlanden

Von Matjesauflauf bis Krentenbollen

Impressum

Texte: © Johann-Konrad Renzinger (weiteres unter rechtliche Hinweise)

Umschlag: © 20sec UG

Druck: epubli - ein Service der neopubli GmbH, Berlin

Inhalt

Einleitung

Die vielfältigen Niederlande laden dich herzlich zu einzigartigen kulinarischen Genüssen ein! Erlebe vielfältige Geschmackserlebnisse durch die niederländische Kulinarik und die vorzüglichen regionalen Spezialitäten, die das Land zu bieten hat.

Kehre auf dem Weg deiner kulinarischen Reise durch die Niederlande in beschaulichen Cafés, erstklassigen Restaurants und beeindruckenden, traditionellen Gutshöfen ein und lass dich von den Delikatessen Hollands berauschen.

Egal, ob du die vorzüglichen Gerichte in den Niederlanden oder zu Hause genießt, ein Abenteuer durch die niederländische Kulinarik bedeutet Genuss pur!

Hast du schon einmal „Stamppot Boerenkool", „Mosterdsoep" oder „Saucijzenbrodjes" probiert? Oder das Gericht gekostet, das spanische Truppen in der in den Niederlanden bekannten Nacht vom 2. auf den 3. Oktober 1574 nach Holland brachten?

Die Namen der zahlreichen niederländischen Gerichte regen die Fantasie an.

Besonders ist ebenfalls, dass die Zubereitung und die Rezepte oftmals auf Jahrhunderte alten Traditionen und Geschichten beruhen.

Das Resultat davon sind atemberaubende Aufregungen für unseren Gaumen.

Egal, ob Speisen direkt aus einem ländlichen Hof, aus dem niederländischen Adel oder als Lieblingsessen aus der Kinderwelt stammt: Unsere hungernden Mägen haben hier die Qual der Wahl. Also auf geht's! Schnapp dir den Kochlöffel! Und erlebe dein Essen und deine Kochkünste wie noch nie durch die besten Rezepte aus den Niederlanden.

Mahlzeiten und Essgewohnheiten

Während es hier in Deutschland gewöhnlich ist, mittags gut zu speisen, wird in den Niederlanden meistens schlicht und einfach ein belegtes Brötchen, ein kleiner Salat oder eine einfache Suppe gegessen. Ein niederländisches Mittagessen gleicht also eher einem Snack, einem Happen zwischendurch als einem deftigen, deutschen Mittagessen.

Das ist jedoch nicht das einzige Besondere an den Essgewohnheiten der Niederländer. Viele Familien pflegen Essrituale und haben für jeden Tag in der Woche ein spezielles Abendessen festgelegt. Traditionen und Rituale sind ein sehr wichtiger Teil im Leben eines Holländers. Aber auch der Besuch eines der vielfältigen Restaurants, die es in den Niederlanden gibt, ist nicht unüblich.

Vielfältig dadurch, dass die holländische Küche noch eindeutige Überbleibsel aus der Kolonial- und Handelszeit aufweist. Viele der typisch niederländischen Gerichte stammen ursprünglich aus Indonesien oder Suriname und ähneln deren Rezepten und Zubereitungen.

Eine verspeiste Mahlzeit wird oftmals mit einem Likör oder einer Süßspeise beendet. Die gesamte Ernährung eines durchschnittlichen Niederländers besteht aus vielen süßen Speisen, viel Butter und Weißbrot, was für eine weniger gesunde Ernährung spricht. Durch die vielen Eintöpfe und reichhaltigen Suppen machen sie das jedoch wieder gut und sorgen für eine leckere und trotzdem ausgewogene Ernährung.

Kraftbrühe mit weißen Bohnen

Diese bürgerliche Hausmannskost ist nicht nur sehr reichhaltig und gesund, sondern auch bei Jung und Alt beliebt.

An einem kalten Winterabend spendet sie Wärme und erinnert an ein gemütliches Café an einem regnerischen Tag Mitten in Amsterdam.

Das brauchst du:

450 g weiße Bohnen

50 g Bohnenkraut

50 g Petersilie

2 Zwiebeln

2 l Fleischbrühe

150 ml Milch

2 Karotten

50 g Lauch

50 g Butter

100 g geräucherter Speck

Salz und Pfeffer

So geht's:

Als Erstes musst du die Bohnen mit der Fleischbrühe in einen großen Topf geben.

Die Bohnen müssen 1 Stunde lang kochen, bis sie gar sind.

Parallel dazu wird das Gemüse, also die Zwiebeln, die Karotten und der Lauch, geschält und anschließend gewürfelt.

Die Würfel werden dann in Butter angebraten und schließlich in den Topf gegeben, die Suppe muss noch 30 weitere Minuten kochen.

Nachdem die Suppe vollständig gekocht hat, müssen die Milch sowie Salz und Pfeffer in den Topf gegeben werden.

Wenn gewünscht, kann die Suppe jetzt operiert werden.

Der Speck, kurz in einer Pfanne mit Öl angebraten und dann in feine Streifen geschnitten, wird ebenfalls in die Suppe gegeben.

Traditionell wird dazu Weißbrot gegessen.

Omas bäuerliche Gemüsesuppe mit Speck und Gouda

Wie der Name schon sagt, stammt diese Gemüsesuppe aus dem altertümlichen Bürgertum der Niederlande. Sie ist im gesamten Land weitverbreitet und gilt als natürliches Heilmittel bei Erkältungen, weshalb sie vor allem im Winter zubereitet wird.

Das brauchst du:

1 l Gemüsebrühe

300 g Blumenkohl

150 g Karotten

100 g Zwiebeln

100 g Sellerie

200 g Gouda

150 g frischer Speck

So geht's:

Im ersten Schritt muss das Gemüse, also die Karotten, der Sellerie, die Kartoffeln, der Blumenkohl und die Zwiebeln, in kleine Würfel beziehungsweise Stücke geschnitten werden.

Daraufhin wird es zusammen mit Butter in einem Topf kurz angebraten. Nach etwa 5 Minuten wird die Gemüsebrühe in den Topf gegeben und der Inhalt muss dann für 15 Minuten aufkochen.

In der Zwischenzeit wird der Speck in Butter angebraten und anschließend mit Küchenpapier abgetupft, um überschüssiges Fett loszuwerden.

Wenn die Suppe fertig gekocht hat, wird der Gouda in den Topf gegeben und mit dem Rest des Inhalts verrührt.

Der Speck sollte nicht auch in den Topf mit der Suppe gegeben werden, da er so aufweichen könnte.

Lege ihn also lieber in eine separate Schüssel und stell ihn zusammen mit der Suppe auf den Tisch beim Servieren.

Traditionell wird die Suppe außerdem mit Weißbrot serviert.

Buttermilchsuppe mit Rosinen

Die Buttermilch ist ein in den Niederlanden häufig verwendetes Milchprodukt in Desserts, aber auch, wie hier, in Haupt- beziehungsweise Vorspeisen.

Mit einem Fettgehalt von höchstens 1 % ist Buttermilch und somit auch die Buttermilchsuppe mit Rosinen die ideale Abwechslung in einer vielseitigen Ernährung.

Das brauchst du:

150 g Rosinen

1 l Buttermilch

80 g geriebene Mandeln

1 Eigelb

100 ml süße Sahne

1 Zitrone

etwas Mehl (ca. 2 Esslöffel)

etwas Salz

etwas Zimt

So geht's:

Im ersten Schritt muss die Buttermilch zusammen mit dem Mehl in einem Topf langsam erhitzt werden. Wichtig ist, dass beides immer wieder umgerührt wird.

Auch die Rosinen, das Salz, das Zimt und der Zitronensaft werden in den Topf gegeben.

Die Suppe bleibt so lange auf dem Herd, bis sie eine dickflüssige Konsistenz hat.

Während die Suppe aufkocht, muss die süße Sahne zusammen mit einem Eigelb und dem Zucker aufgeschlagen werden. Die geriebenen Mandeln müssen in einer Pfanne mit Butter leicht angeröstet werden.

Im letzten Schritt werden die Eimasse, die Mandeln und die Sahne mit der Suppe im Topf verrührt.

Die Suppe kann beliebig kalt oder heiß verspeist werden.

Omas Mosterdsoep – die holländische Senfsuppe

Die beliebte Vorspeise, aber auch Mahlzeit im Winter, kommt ursprünglich aus dem „Waddenland“ im Norden der Niederlande.

Dort wird sie oftmals mehrere Tage lang kaltgestellt, bis sie erhitzt und verspeist wird, damit der Senf seinen Geschmack entfalten kann.

Sie ist sehr einfach zuzubereiten und immer wieder lecker.

Das brauchst du:

20 g feiner Senf

20 g grober Senf

1 l Gemüsebrühe

200 g saure Sahne

20 g Butter

20 g Mehl

50 g Frühlingszwiebeln

Salz und Pfeffer

So geht's:

Im ersten Schritt muss die Butter in einem Topf auf dem Herd geschmolzen werden und die Frühlingszwiebeln, die in feine Scheiben geschnitten sein sollten, werden zu der Butter dazugegeben.

Wenn die Butter vollständig geschmolzen ist, muss nun das Mehl langsam untergerührt werden, bis es gleichmäßig mit der Butter vermischt ist.

Zu dem Ganzen muss außerdem noch die Gemüsebrühe hinzugegeben werden und dann 10 Minuten lang köcheln.

Anschließend muss die Suppe nur noch mit der sauren Sahne verfeinert und mit Salz und Pfeffer abgeschmeckt werden und schon ist sie verzehrbereit.

Niederländischer Thunfischsalat mit Bohnen und Kartoffeln

Das brauchst du:

500 g Kartoffeln

500 g grüne Bohnen

300 g eingelegter Thunfisch

30 g Mayonnaise

1½ EL Zitronensaft

200 g Mais

20 g Petersilie

etwas Zitronensaft

Salz und Pfeffer

So geht's:

Als Erstes werden die Kartoffeln geviertelt und in gesalzenem Wasser aufgekocht. Die garen Stücke müssen daraufhin mit einem Küchentuch abgetropft werden und abkühlen.

Putze in der Zwischenzeit die Bohnen und lass sie für circa 10 Minuten in heißem Wasser kochen, bis sie fast gegart sind. Auch die Bohnen müssen nach dem Kochen gut abgetrocknet werden.

Für das Dressing des Salates vermische die Mayonnaise mit dem Zitronensaft und würze sie mit Salz und Pfeffer.

Der in Öl eingelegte Thunfisch muss in kleine Stücke zerteilt werden, dafür eignet sich eine Gabel sehr gut.

Hebe ihn anschließend gemeinsam mit dem Mais in die Schüssel mit den Bohnen und den Kartoffeln unter.

Auch die Petersilie und das vorbereitete Dressing werden zu dem Salat hinzugegeben.

Wahlweise kannst du auch noch weitere Gewürze, zum Beispiel Chiliflocken, ergänzen. Außerdem kannst du nach Lust und Laune Oliven, geviertelte Artischockenherzen usw. zu dem Salat servieren.

Holländischer Bohnensalat

Der belgische Einfluss auf das Land ist in diesem Gericht deutlich zu spüren. Gerichte mit weißen Bohnen sind typisch belgisch, jedoch ist der Bohnensalat mit Speckstreifen in den Niederlanden am Mittagstisch sehr beliebt und das Rezept wird dort seit Jahrhunderten weitergegeben und verfeinert.

Das brauchst du:

400 g weiße Bohnen

2 rote Zwiebeln

4 festkochende Kartoffeln

100 g Bohnenkraut

50 g Petersilie

etwas Weinessig

etwas Walnussöl

Salz und Pfeffer

So geht's:

Als Erstes müssen die 4 Kartoffeln gewaschen und anschließend in heißem Wasser für 30 Minuten kochen.

Wenn sie gar sind, müssen sie abkühlen und werden zunächst beiseitegestellt.

Danach müssen die Bohnen geputzt werden und ebenfalls zusammen mit dem Bohnenkraut für 10 Minuten in heißes Wasser.

Die garen Bohnen müssen daraufhin sofort in kaltes Wasser gelegt werden; sie müssen erkalten.

Die kalten Bohnen würzt du dann mit Salz und Pfeffer.

Im nächsten Schritt werden die Zwiebeln und der Schinken in kleine Stücke geschnitten und dann in einer Pfanne angebraten.

Der Essig und das Öl werden mit dem Angebratenen vermischt und über die Bohnen gegossen.

Die gekochten Kartoffeln müssen jetzt in dünne Scheiben geschnitten und auf einem großen Teller oder einer Platte flach ausgelegt werden.

Die Bohnenmischung kommt in die Mitte des Tellers.

Der Salat kann dann sofort verspeist, aber auch ein weiteres Mal im Kühlschrank kaltgestellt werden.

Tipp: Streue frische Petersilie über den fertigen Salat oder stell sie in einer separaten Schüssel auf den Esstisch, so schmeckt er noch frischer.

Niederländischer Gurkensalat

Dieser frische Salat verspricht ein ganz neues Geschmackserlebnis und ist nicht mit dem deutschen Gurkensalat zu vergleichen.

Wer eine Schwäche für Salate hat, sollte dieses Rezept auf jeden Fall einmal ausprobiert haben.

Das brauchst du:

2 Gurken

2 Eier

etwas Salz und Pfeffer

etwas Kräuteressig (2 EL)

etwas Senf (1 EL)

So geht's:

Die Zubereitung des niederländischen Gurkensalats ist sehr simpel und geht ganz schnell.

Die beiden Gurken werden in feine Stücke gehobelt und mit etwas Salz und Pfeffer gewürzt.

Für das Dressing musst du die Eier zusammen mit etwas Salz, dem Senf und dem Kräuteressig unter ständigem Rühren erwärmen, bis es zu stocken anfängt.

Es wird anschließend noch warm mit den gehobelten Gurken verrührt und das Ganze sollte für ca. 30 Minuten kaltgestellt werden.

Im Anschluss kann der Salat serviert werden.

Beliebig kannst du auch frische Kräuter wie Schnittlauch oder Petersilie ergänzen.

Schweinefilet – Gratin

Das perfekte niederländische Festtagsessen, das deine Gäste überraschen und definitiv beeindrucken wird. Es ist einfach zuzubereiten und überzeugt jedes Mal.

Das brauchst du:

300 g geriebener Gouda

100 g geschälte Tomaten (aus der Dose)

600 g Schweinefilet

1 Knoblauchzehe

50 g Basilikum

350 g Gemüsezwiebeln

50 g grüne Paprika

1 Zwiebel

50 g rote Paprika

200 g Zucchini

40 g Butter

etwas Zucker

etwas Salz

etwas Pfeffer

etwas Muskat

So geht's:

Im ersten Schritt werden die Tomaten von einem Großteil ihrer Flüssigkeit entfernt und dann in grobe Stücke geschnitten.

Sie müssen anschließend zusammen mit der kleingehackten Knoblauchzehe, dem Olivenöl und dem Basilikum in eine Pfanne gegeben werden.

Du solltest diese Sauce mit etwas Salz, Zucker, Pfeffer und Muskatnuss würzen und sie dann für ca. 15 Minuten aufkochen lassen.

Parallel wird das restliche Gemüse, also die Zucchini, die Paprika und die Zwiebel, in kleine Würfel geschnitten und nach den 15 Minuten zur Sauce hinzugegeben.

Während die Sauce mit dem Gemüse weiter aufkocht, schneidest du das Schweinefleisch in dünne Scheiben und brätst es gemeinsam mit der Butter in einer weiteren Pfanne für einige Minuten an, so lange, bis es gar ist.

Als Nächstes wird die Auflaufform befüllt.

Dafür wird zuerst eine Hälfte der Sauce in die Auflaufform gegeben, danach wird diese mit dem Fleisch bedeckt und im Anschluss wiederum mit der zweiten Hälfte der Sauce begossen.

Jetzt fehlt nur noch der geriebene Gouda, bevor die Auflaufform für 25 Minuten in einen Ofen, der auf 200 °C Umluft eingestellt ist, kann.

Das Gericht benötigt nicht unbedingt eine Beilage; in den Niederlanden wird es jedoch oft zusammen mit Spätzle serviert.

Holländischer Heringssalat mit Kartoffeln

Fischgerichte und vor allem Gerichte mit Hering sind in den Niederlanden sehr beliebt.

Der holländische Heringssalat mit Kartoffeln ist im Norden des Landes sehr verbreitet und erinnert durch seine Frische an einen Urlaub am Meer.

Besonders an dem Salat ist außerdem sein süßsaurer Geschmack.

Das brauchst du:

6 Heringsfilets

4 Kartoffeln

0,5 l Milch

100 ml Kräuteressig

4 Eier (hart gekocht)

50 g Zucker

50 g Petersilie

etwas süßen Senf (2 EL)

Salz und Pfeffer

So geht's:

Zunächst musst du die Heringsfilets in der Milch für 1-2 Stunden ziehen lassen.

In der Zwischenzeit solltest du die Kartoffeln in gesalzenem Wasser kochen und danach zusammen mit der Zwiebel in kleine Würfel schneiden.

Für das Dressing gibst du den Essig, den Zucker, den Senf, das Salz und den Pfeffer in eine Schüssel und verrührst das Ganze gründlich.

Schneide die Heringe, nachdem sie lange genug in der Milch gelegen haben, in mundgerechte Stücke und gib diese dann zusammen mit den Kartoffeln und den Zwiebeln in die Schüssel mit dem Dressing.

Wenn gewünscht, kann ein Schuss Milch zu dem Salat hinzugegeben werden; das sorgt für ein cremigeres Dressing.

Chicorée mit Schinken und Käsesauce

Chicorée wird in den Niederlanden deutlich öfter zum Kochen verwendet, als es in Deutschland üblich ist. Das heißt aber nicht, dass wir dem Gemüse keine Chance geben sollten.

Die Speise ist in den Kreisen des niederländischen Adels entstanden und wird auch heute noch in vielen Restaurants angeboten.

Das brauchst du:

4 Chicorée-Stauden

150 g Schinken

100 g geriebener Gouda

50 g Butter

50 g Mehl

1 Eigelb

Salz und Pfeffer

etwas Zitronensaft

So geht's:

Zunächst müssen für die Käsesauce die Butter, das Mehl, die Milch, das Salz und der Pfeffer in einem Topf erhitzt und verrührt werden.

Die Sauce muss dann für 20 Minuten aufkochen.

Währenddessen wird der Chicorée gewaschen, von Strunk entfernt und anschließend für 10 Minuten in heißem Wasser gekocht.

Füge dem Wasser Salz und Zitronensaft hinzu.

Umwickle den Chicorée anschließend mit Schinken und platziere ihn in einer Backform, die vorher mit Butter eingerieben wurde.

Die aufgekochte Soße wird dann durch eine Hälfte des Käses, die Sahne und das Eigelb ergänzt und über den Chicorée gegossen.

Der restliche Käse wird über den Chicorée gestreut und die Backform für 15-20 Minuten in den Ofen gegeben.

Eine Beilage ist für den Verzehr nicht unbedingt notwendig, es können jedoch Spätzle oder Nudeln dazu gegessen werden.

Holländische Gurkenhappen

Im Sommer ist dieser gesunde Snack bei niederländischen Familien sehr beliebt.

Er ist perfekt für unterwegs und ist auch bei Grillpartys oder Geburtstagsfeiern gerne gesehen.

Das brauchst du:

2 Salatgurken

5 Zwiebeln

2 Lorbeerblätter

50 g Dill

50 ml Weißweinessig

10 g Senfkörner

etwas Chilipulver

So geht's:

Als Erstes werden die Gurken geschält, daraufhin längs halbiert und die Kerne entfernt.

Anschließend werden sie in dünne Scheiben geschnitten und gemeinsam mit den Zwiebeln, die in feine Ringe geteilt wurden, in eine Schüssel gegeben und dort mit den zerkleinerten Lorbeerblättern und den Senfkörnern vermischt.

Nebenbei solltest du das Dressing anfertigen, indem du das Salz, den Pfeffer, die Chiliflocken und den Essig verrührst.

Das Dressing wird anschließend ebenfalls in die Schüssel gegeben und diese dann über Nacht in den Kühlschrank gestellt, damit die Gurken lange genug ziehen können.

Am nächsten Tag müssen die Gurkenscheiben nur noch mit einem Küchentuch abgetupft werden und schon sind sie fertig.

Pochierter Aal mit Weißweingelee

Das Rezept des pochierten Aals beruht auf sehr alten Traditionen und gilt in Maastricht auch heute noch als Delikatesse.

Aal ist in den Niederlanden sehr beliebt und enthält viele wertvolle und reichhaltige Fette.

Das Gericht ist also nicht nur superlecker, sondern auch sehr gesund.

Das brauchst du:

0,5 l trockener Weißwein

0,5 l Fischbrühe

500 g Aal

5 Wacholderbeeren

100 g Suppengrün

1 Lorbeerblatt

100 g Karotten

50 g Gelatine

100 g Lauch

100 g Selleri

So geht's:

Im ersten Schritt wird der Aal in mundgerechte Stücke geschnitten und daraufhin zusammen mit der Fischbrühe, dem Weißwein und dem Suppengrün in einen Topf gegeben und aufgekocht.

Der daraus entstehende Sud muss gesalzen werden. Anschließend werden die Aalstückchen, die Wacholderbeeren sowie das Lorbeerblatt ebenfalls hinzugegeben und das Ganze wird für etwa 30 Minuten pochiert.

Parallel sollten die Karotten, der Sellerie und der Lauch gewürfelt und nach den 30 Minuten schließlich durch den Aal ersetzt werden.

Wichtig ist, dass du den Inhalt des Topfes zwischendurch immer wieder umrührst.

Das Gemüse kocht so lange in der Brühe, bis es gar ist.

Das dauert in etwa 15-20 Minuten.

Während das Gemüse kocht, weichst du die Gelatine in kaltem Wasser ein und kochst die Fischbrühe auf.

Dann löst du die Gelatine in der Fischbrühe auf und gibst das ganze zusammen mit dem Gemüse und dem Aal in eine große Schale.

Die Schale muss dann über Nacht in den Kühlschrank, damit ein Gelee entstehen kann.

Das Gericht kann direkt am nächsten Tag verspeist werden; es kann aber auch einige Tage im Kühlschrank aufbewahrt oder sogar eingefroren werden.

Pfannkuchenröllchen mit Räucherlachs

Auch praktisches Fingerfood hat die niederländische Küche zu bieten, simpel zubereitet, aber mit einem außergewöhnlichen Geschmack und das perfekte Mitbringsel auf jede Party.

Das brauchst du:

Für die Pfannkuchen:

150 ml Milch

100 g Mehl

2 Eier

50 g Schnittlauch

etwas Butter

Für die Füllung:

200 g Räucherlachs

50 g Meerrettich

100 g Frischkäse

So geht's:

Als Erstes mischst du das Mehl, die Milch, die Eier und den Schnittlauch in einer Schüssel zusammen und rührst das Ganze gut durch.

Brate dann in eine Pfanne mit Butter nacheinander möglichst gleichmäßig dicke Pfannkuchen.

Stell diese dann für 15 Minuten in den Kühlschrank, damit sie auskühlen können.

In der Zwischenzeit kannst du die Füllung vorbereiten, indem du den Meerrettich und den Frischkäse miteinander verrührst und mit Pfeffer, Salz und Zitronensaft würzt.

Nimm dann die Pfannkuchen aus dem Kühlschrank, streiche sie mit der zubereiteten Creme ein, belege sie mit einer beliebigen Menge an Lachs und rolle sie dann nacheinander.

Die Rollen müssen dann in circa 5 cm breite Rollen geschnitten werden.

Im Kühlschrank können die Rollen dann einige Tage lang aufbewahrt werden.

Niederländische Schollenfilets mit Erbsen und Speck

Auf den ersten Blick scheint die Kombination aus Fisch, Erbsen und Speck ungewöhnlich, jedoch lohnt es sich, diese auszuprobieren.

Dieses Gericht gilt im Norden Hollands als Delikatesse und ist dort in jedem Restaurant zu finden.

Das brauchst du:

6 Schollenfilets

300 g Erbsen

250 ml Milch

200 g Speck

1 Zitrone

etwas Tomatenmark (2 EL)

Salz, Pfeffer, Muskatnuss

So geht's:

Als Erstes werden die Schollenfilets mit dem Saft der einen Zitrone eingerieben und dann in den Kühlschrank gestellt.

Während der Fisch abkühlt, müssen in einem Topf die Butter, das Mark, die Milch und das Tomatenmark vermengt werden.

Das Ganze muss 5 Minuten lang aufkochen und schließlich mit Salz, Pfeffer und Muskatnuss gewürzt werden.

Der Ofen muss auf 200 °C vorgeheizt und die Backform daraufhin vorbereitet werden.

Dafür schmierst du diese mit Butter ein und verteilst anschließend die Erbsen in der Form.

Die Fischfilets werden auf die Erbsen gelegt und dann mit der vorbereiteten Sauce begossen.

Die Backform muss dann für etwa 20 Minuten im Ofen bleiben.

Gerne kann der Fisch mit frischen Kräutern für den Verzehr verziert werden.

Äpfel im Schlafrock mit Rosinen und Mandeln

Die Äpfel im Schlafrock sind eine in den Niederlanden sehr beliebte Hauptspeise, die oftmals zum Abendessen gegessen wird.

Trotz der Süße des Gerichts folgt darauf meistens noch ein Dessert bei den Holländern.

Wenn du die intensive Süße der holländischen Kulinarik auch zu Hause erleben willst, sind die Äpfel im Schlafrock genau das Richtige für dich.

Das brauchst du:

200 g Blätterteig

100 g Rosinen

70 g Butter

50 g gehobelte Mandeln

20 g Zucker

4 eingelegte Äpfel

1 Ei

etwas Puderzucker

So geht's:

Die Zubereitung der Speise ist sehr einfach und nimmt nicht viel Zeit in Anspruch.

Als Erstes gibst du die Rosinen, die Mandeln und den Zucker in eine Pfanne und karamellisiert den gesamten Inhalt.

Anschließend müssen die Äpfel geschält und schließlich von ihrem Kerngehäuse befreit werden.

Die Äpfel werden dann mit der karamellisierten Masse gefüllt.

Der Backofen muss auf 180 °C Umluft vorgeheizt und der Blätterteig in gleich große Quadrate zerschnitten werden.

Im nächsten Schritt werden die vorbereiteten Äpfel in den Blätterteig gewickelt und kommen dann für 15-20 Minuten in den vorgeheizten Backofen.

Tipp: Die Äpfel im Schlafrock werden in den Niederlanden oft mit Vanillesoße gegessen; das solltest du auch einmal probieren.

Holländisches Hackbrot aus dem Ofen

Genau wie ein gewöhnliches Brot ist das holländische Hackbrot außen schön knusprig und innen saftig.

Jeder, der gerne Braten isst, sollte dieses Rezept einmal ausprobiert haben.

Das brauchst du:

500 g Hackfleisch

600 g Kartoffeln

1 Ei

1 Zwiebel

1 Tomate

etwas Olivenöl

etwas Tomatenketchup

etwas Senf

Salz und Pfeffer

So geht's:

Als Erstes solltest du den Backofen auf 200 °C Umluft vorheizen, da die Vorbereitung nicht allzu lange dauert.

Im nächsten Schritt wird die Tomate in dünne Scheiben geschnitten und die Zwiebel fein gewürfelt.

Anschließend musst du das frische Hackfleisch mit dem Ketchup, dem Senf, dem Ei, dem Salz, dem Pfeffer und den Zwiebeln verkneten.

Du kannst beliebig auch noch Semmelbrösel oder Ähnliches ergänzen.

Dann solltest du eine Backform mit etwas Butter oder Fett einstreichen und daraufhin das Hackfleisch in die Form drücken.

Die Tomatenscheiben werden einfach auf das Hackfleisch gelegt.

Die Form kommt dann für 30 Minuten in den Backofen.

Zeitlich passt es gut, wenn du nach 15 Minuten mit der Zubereitung der Kartoffeln beginnst, damit diese fertig sind, wenn auch das Hackbrot aus dem Ofen kann.

Hierfür brätst du die klein geschnittenen Kartoffeln zusammen mit etwas Olivenöl, Salz und Pfeffer in einer Pfanne für einige Minuten an.

Zum Servieren der Speise kannst du das Hackbrot in Scheiben schneiden und die Kartoffeln in eine andere Schüssel platzieren und ebenfalls auf den Esstisch stellen.

Niederländischer Bohneneintopf

Dieses traditionelle Gericht ist sehr reichhaltig und gehört zu einer Reihe an Eintöpfen, die in ganz Holland weitverbreitet sind.

Als Bohneneintopf vereint es zwei der bei den Niederländern beliebtesten Eigenschaften, die Essen haben kann, Bohnen und ein Eintopf.

Das brauchst du:

500 g braune Bohnen

150 g Speck

2 Zwiebeln

3 Knoblauchzehen

50 g Porree

250 g Kartoffeln

150 g Sellerie

1 Lorbeerblatt

4 Nelken

etwas Butter

etwas Petersilie

Salz und Pfeffer

So geht's:

Bevor du mit dem eigentlichen Kochen beginnen kannst, müssen die braunen Bohnen für 24 Stunden in reichlich Wasser einweichen.

Am nächsten Tag müssen sie zusammen mit den Nelken, dem Lorbeerblatt und etwas Salz in heißem Wasser gar kochen.

Das dauert in etwa 45 Minuten.

Parallel dazu werden der Speck, die Zwiebeln und der Knoblauch zusammen mit etwas Butter in einer Pfanne angebraten.

Wichtig ist, dass du eine große Pfanne verwendest.

Wenn die Bohnen fertig sind, müssen sie der Pfanne hinzugefügt werden.

Nicht nur die Bohnen, sondern auch das Wasser, in dem sie gekocht haben.

Schneide die Kartoffeln, den Porree, den Sellerie, die Kartoffeln und die Zwiebeln in kleine Würfel und gib sie ebenfalls in die Pfanne.

Der Eintopf muss nun für mindestens 20 Minuten köcheln, bis er fertig ist.

Bevor du ihn servierst, solltest du ihn ein weiteres Mal mit Salz und Pfeffer abschmecken.

Wenn gewünscht, kannst du als Fleischeinlage eine Bockwurst hinzufügen; diese ähnelt der holländischen

Rookwurst, die bei traditionellen Eintöpfen verwendet wird.

Hutspot – ein Gericht mit Geschichte

Das erste Mal, dass das holländische Nationalgericht in den Niederlanden zubereitet wurde, war laut Erzählungen in der in den Niederlanden bekannten Nacht vom 2. auf den 3. Oktober 1574.

In dieser historischen Nacht brach der Prinz von Oranien die Deiche der Niederlande und die Geuze-Flotte (niederländische Widerstandsgruppe) begann, die spanischen Besatzer zu vertreiben.

In der belagerten Stadt Leiden flohen die spanischen Truppen daraufhin so schnell aus ihrem Lager, dass sie ein frisch zubereitetes Gericht mit Kartoffelpüree, Zwiebeln und Pastinaken zurückließen.

Die hungernden Leidener konnten dem Gericht damals wie heute einfach nicht widerstehen und nannten es Hutspot (Mischmasch).

Noch heute feiert die holländische Stadt am 3. Oktober die Befreiung von Leiden mit einem traditionellen holländischen Hotspot.

In den darauffolgenden Jahrhunderten entwickelten sich viele Abwandlungen des Hutspots, so auch der Stamppot Boerenkool (siehe Seite 7).

Das brauchst du:

1,5 kg Kartoffeln

1 kg Karotten

2 Zwiebeln

60 g Petersilie

250 ml Milch

80 g Butter

1 l Gemüsebrühe

etwas Muskatnuss

So geht's:

Die Zubereitung ist sehr simpel und nimmt maximal 30 Minuten in Anspruch.

Die Kartoffeln und die Karotten müssen zunächst gewürfelt und in der Gemüsebrühe etwa 15-20 Minuten lang gar gekocht werden.

In der Zwischenzeit solltest du die Zwiebel in feine Würfel schneiden und in Butter in einer Pfanne kurz anbraten.

Bevor die Zwiebelwürfel zu farbig werden, sollte die Gemüsebrühe hinzugegeben werden und das Ganze muss dann etwa 5 Minuten lang andünsten.

Parallel sollte des Weiteren die Milch leicht erhitzt werden.

Nun musst du die Kartoffeln und die Karotten abgießen und die erhitzte Milch hinzugeben.

Das Ganze wird anschließend mit einem Kartoffelstampfer zerdrückt und daraufhin werden ebenfalls die Butter, die gedünsteten Zwiebeln, die Petersilie und ein wenig Muskat untergemischt.

Gib den fertigen Hutspot dann nur noch in eine große Schüssel und schon kann er serviert werden.

Tipp: Den Hutspot zusammen mit Frikadellen oder Koteletts verspeisen!

Satésauce

Die holländische Satésauce ist ein eindeutiges Überbleibsel aus der Kolonial- und Handelszeit und stammt ursprünglich aus Indonesien. Durch die Satésauce holst du dir ein Stück Weltgeschichte in deine Küche nach Hause und erlebst die Kulinarik der Niederlande ganz neu.

Das brauchst du:

200 g ungesüßte Erdnussbutter

200 ml Kokosmilch

20 ml Sojasoße

200 ml Wasser

etwas Salz

So geht's:

Als Erstes musst du die Kokosmilch und die Erdnussbutter miteinander verrühren, bis eine gleichmäßige Paste entsteht.

Anschließend musst du schrittweise das angegebene Wasser zu der Paste hinzufügen und immer wieder gründlich umrühren.

Wenn du das Wasser vollständig hinzugefügt hast, rührst du außerdem langsam die Sojasoße unter.

Als Nächstes musst du die Satésauce abschmecken und beliebig Salz hinzufügen.

Abhängig davon, ob du eine dickflüssigere Soße haben möchtest, kannst du sie für einige Minuten in einem Topf auf dem Herd köcheln lassen.

Verrühre die Kokosmilch mit der Erdnussbutter Und füge das Wasser und die Sojasauce dazu.

Lass alles einmal aufkochen und schmecke die Sauce mit Salz ab.

Möchtest du eine dicke Satésauce herstellen, muss sie einige Minuten lang einkochen.

Satésauce schmeckt super zu Hähnchenfleisch, kann aber auch in Kombination mit Meeresfrüchten verspeist werden.

Gebackener Reis mit Hähnchen und Satésauce

Passend zur Satésauce gibt es hier ein typisch holländisches Gericht, mit dem du deine selbstgemachte Satésauce richtig in Szene setzen kannst. Alternativ kannst du aber auch eine fertige, gekaufte Satésauce aus dem Supermarkt verwenden. Besonders an dem Gericht ist, dass es sowohl indonesische als auch niederländische Komponenten beinhaltet.

Das brauchst du:

300 g Hähnchenbrustfilet

50 g Sellerie

150 g Karotten

1 Zwiebel

4 Knoblauchzehen

etwas Sesamöl

200 ml Satésauce

300 g Reis

etwas Sesamöl

Salz und Pfeffer

So geht's:

Im ersten Schritt musst du den Reis ausreichend kochen und daraufhin sofort in kaltes Wasser geben.

Du kannst ihn dann erst mal zur Seite stellen.

Wichtig ist aber, dass er anschließend gut abgetrocknet wird.

Das Gemüse, also der Sellerie, die Karotten, die Zwiebeln und die Knoblauchzehen, müssen nun so fein wie möglich gehackt werden.

Auch die Hähnchenbrüste werden in mundgerechte Stücke zerschnitten.

Um das Fleisch zu marinieren, werden das Sesamöl, das Salz, der Pfeffer und die Hälfte der Knoblauchzehen miteinander verrührt.

Das Fleisch kann anschließend mit einem Pinsel oder einem großen Löffel damit eingerieben werden.

Brate es anschließend in einer Pfanne oder einem Wok an, bis es gar ist.

Wenn das geschehen ist, füge außerdem das zerschnittene Gemüse und den Reis in die Pfanne oder den Wok hinzu, brate alles für weitere 5-10 Minuten gut an.

Parallel dazu kannst du die Satésauce zubereiten, wenn du sie nicht fertig im Supermarkt gekauft hast.

Du kannst für dich selbst entscheiden, ob du die Satésauce mit der restlichen Speise verrührst oder ob du sie in einer separaten Schüssel auf den Tisch stellst.

Schweinekoteletts mit Kartoffel-Apfel-Gemüse

Genau wie die Kombination aus süß und salzig ist die Kombination aus Kartoffeln und Äpfeln in den Niederlanden sehr üblich und gleichzeitig sehr beliebt. Durch das deftige Fleisch und die aromatischen Zwiebeln kommt sie besonders zur Geltung.

Das brauchst du:

600 g Schweinekoteletts

4 Äpfel

500 g Kartoffeln

4 Zwiebeln

etwas Öl

etwas Salz und Pfeffer

etwas Petersilie

So geht's:

Im ersten Schritt werden die Äpfel von ihrer Schale und ihrem Kerngehäuse befreit und anschließend in gleichmäßige Würfel geschnitten.

Dasselbe machst du mit den Zwiebeln und den Kartoffeln.

Als Nächstes würzt du die Koteletts mit Salz und Pfeffer und brätst sie für 10 Minuten zusammen mit Öl in einer Pfanne an.

In den letzten 2 Minuten fügst du die gewürfelten Äpfel sowie die Zwiebeln und die Kartoffeln hinzu und brätst auch diese leicht an.

Beim Anrichten der Teller kann frische Petersilie über die Koteletts und das Gemüse gestreut werden.

Gegrillte Seezunge mit Zitronenbutter

Dieses Gericht stammt aus Den Helder, dem größten und wichtigsten Fischhandelsplatz in den Niederlanden.

Die schöne Stadt liegt direkt am Meer im Norden Hollands und ist bei Touristen und Urlaubern aus aller Welt sehr beliebt.

Das brauchst du:

300 g Seezunge

100 g Butter

50 g Petersilie

2 Zitronen

etwas Mehl

etwas Salz

etwas Öl

etwas Pfeffer

So geht's:

Um die Seezunge zu marinieren, musst du den Zitronensaft und die fein geriebene Schale der Zitrone mit der Butter und etwas Mehl und etwas Salz mischen.

Anschließend werden der Fisch und die Petersilie gewaschen und abgetupft, bis sie trocken sind.

Die Seezungen müssen vorsichtig mit etwas Öl, Salz und Pfeffer in einer Pfanne angebraten werden.

Dieser Vorgang dauert in etwa 10 Minuten.

Die gewünschte Menge an Seezungen wird dann auf die entsprechenden Teller verteilt und mit der Zitronenbutter eingerieben.

Bestreue den Fisch außerdem mit der frischen Petersilie.

Als Beilage zu der Speise bieten sich Pellkartoffeln oder Kartoffelbrei an.

Stamppot Boerenkool

Das in den Niederlanden weitverbreitete Gericht wurde schon im Mittelalter gekocht und darf bei den meisten Holländern an Heiligabend nicht fehlen. Traditionell wird es mit der beliebten Rookwurst, einer holländischen Räucherwurst, serviert.

Es kann wahlweise aber auch ohne Wurst, also vegetarisch, verspeist werden.

Du brauchst du:

0,5 kg Grünkohl (Boerenkool)

0,5 kg mehlig kochende Kartoffeln

100 ml Milch

80 g Butter

275 g Rookwurst (holländische Räucherwurst). Ersatzweise kann hier auch eine Bockwurst verwendet werden.

Wasser

Salz und Pfeffer

So geht's:

Zunächst sollten die harten Teile des Kohls vorsichtig entfernt werden.

Gib den Kohl dann in einen Topf und füge Wasser und eine Prise Salz hinzu.

Warte, bis das Wasser kocht, und der Kohl muss anschließend ca. 15-20 Minuten lang köcheln, bis er gar ist.

Die Kartoffeln werden ebenfalls in einen separaten Topf mit Wasser und Salz gegeben. Lass die Kartoffeln etwa 20 Minuten lang kochen.

Parallel sollte die Rookwurst (holländische Räucherwurst) in einem Topf in heißem Wasser erhitzt werden; hier darf das Wasser jedoch nicht kochen! Ersatzweise kannst du auch eine Bockwurst verwenden. Wenn die Kartoffeln gar gekocht sind, muss man sie ausdampfen beziehungsweise etwas trocknen lassen.

Die Kartoffeln musst du anschließend fein stampfen und dann aus dem Stampf mit Butter oder Margarine, Salz, Pfeffer und Milch ein Püree anrühren.

Der Kohl wird ebenfalls hinzugegeben und der gesamte Inhalt des Topfes sehr gut vermischt.

Den fertigen Stamppot kannst du dann in eine beliebige Schale geben und die Wurst beziehungsweise Würste darauflegen und servieren.

Tipp: Den Stampot, wie beschrieben, zubereiten, aber dann über Nacht kalt stellen und erst am nächsten Tag servieren. So kann der Kohl länger ziehen, was sich positiv auf den Geschmack auswirkt!

Holländischer Matjesauflauf

Fisch ist bekanntlich ein großer Bestandteil der niederländischen Küche. Der Matjesauflauf ist ein modernes Fischgericht, was sowohl bei Touristen als auch bei Einheimischen sehr beliebt ist.

Vor allem im Norden der Niederlande gibt es dieses oder ein ähnliches Rezept in so gut wie jedem Restaurant zu essen.

Das brauchst du:

400 g Kartoffeln

100 g Gouda

8 Salzheringe

1 Zwiebel

100 g Porree

50 g Schnittlauch

50 g Dill

10 g Mangoldblätter

100 g saure Sahne

100 g Crème fraîche

etwas Butter

etwas Pfeffer

So geht's:

Als Erstes musst du die Kartoffeln in gesalzenem Wasser gar kochen; das dauert circa 15 Minuten.

Schneide sie dann in dünne Scheiben und lege sie erst mal beiseite.

Während die Kartoffeln kochen, kannst du die Zwiebeln fein würfeln, die Mangoldblätter, den Dill und den Schnittlauch klein schneiden und den Porree in Ringe zupfen.

Für die Sauce werden die Crème fraîche, die saure Sahne und der Pfeffer zu einer Paste verrührt.

Als Nächstes werden die Kartoffeln, die Zwiebeln, der Porree, die Kräuter, der Fisch und die vorbereitete Sauce in einer beliebigen Auflaufform geschichtet.

Der Gouda wird im letzten Schritt dem Auflauf hinzugefügt, bevor dieser für 40 Minuten in einen auf 200 °C Umluft vorgeheizten Ofen geschoben wird.

Holländische Frikandeln

Niemand, der einen Urlaub in den Niederlanden macht und sich währenddessen auf die vielfältige Kulinarik des Landes einlässt, kommt an den typisch holländischen Frikandeln vorbei.

Man findet sie sowohl am Mittagstisch der Einheimischen als auch an Snackbars und authentischen niederländischen Restaurants.

Das brauchst du:

175 g Putenfleisch

200 g gemischtes Hack

100 ml kalte Hühnerbrühe

3 Eier

150 g Toast

5 g Salz

So geht's:

Im ersten Schritt müssen das Puten- und Hackfleisch sehr fein zerkleinert werden; hierfür eignet sich beispielsweise ein Thermomix.

Daraufhin werden zu dem Fleisch die Eier, der Toast, die angegebenen Gewürze und die Hühnerbrühe hinzugefügt. Das Ganze sollte dann erneut püriert werden, sodass eine gleichmäßige Masse entsteht. Diese muss dann im Kühlschrank etwa 30 Minuten lang abkühlen.

Die abgekühlte Fleischmasse wird anschließend in kleine Rollen aufgeteilt und mit Frischhaltefolie fixiert.

Die Rollen müssen daraufhin für 5-7 Minuten in heißem Wasser gekocht werden, damit das Fleisch gar wird.

Danach musst du sie über Nacht in einem Gefrierschrank unterbringen, da sie vor dem Frittieren gefrieren müssen.

Am nächsten Tag können die Frikandeln im finalen Schritt in der Fritteuse zubereitet werden.

Hierzu muss das Fett auf ca. 180 °C erhitzt und die Frikandeln für 5-6 Minuten frittiert werden.

Traditionell werden sie mit frischen Zwiebeln und Mayonnaise serviert. Sie können aber auch zusammen mit Pommes verspeist werden.

In der Gefriertruhe sind sie mehrere Monate haltbar, weshalb es sich anbietet, viele Frikandeln auf einen

Schlag zuzubereiten und sie im Gefrierfach aufzubewahren.

Spargel mit Lachs und Zitronenbutter

Die Zeit der Spargelernte ist einer der Höhepunkte im Leben eines Niederländers. Gerichte mit Spargel sind sehr beliebt und erinnern an glückliche Tage im Frühling.

Das brauchst du:

500 g Spargel

450 g Kartoffeln

400 g Lachsfilet

20 ml Zitronensaft

150 g Butter

Salz und Pfeffer

So geht's:

Im ersten Schritt müssen sowohl die Kartoffeln als auch der Spargel geschält und daraufhin in gesalzenem Wasser gekocht werden. Füge dem kochenden Wasser ebenfalls eine Hälfte des angegebenen Zitronensafts hinzu.

Zerteile dann die Lachsfilets in gleich große Würfel. Diese müssen dann auch in Salzwasser kochen, das dauert jedoch nur 3-5 Minuten.

Als Nächstes musst du die Butter schmelzen und mit dem restlichen Zitronensaft und etwas Salz und Pfeffer verrühren. Für etwas Schärfe kannst du ebenfalls ein wenig Chilipulver hinzufügen.

Zum Anrichten der Mahlzeit müssen die Kartoffeln und der Spargel auf einem Teller verteilt und anschließend die Lachswürfel darüber gestreut werden. Das Ganze muss daraufhin außerdem mit der Zitronenbutter übergossen werden.

Kibbelinge in Bierteig

Das traditionelle Gericht kommt aus dem Norden der Niederlande und kann wahlweise mit Seelachs, Kabeljau oder Steinbeißer zubereitet werden.

Übersetzt heißt „Kibbeling“ jedoch „panierte Kabeljauschnitte“.

Sie sind die perfekte Überraschung auf jeder Grillparty im Sommer und können individuell durch Gewürze verfeinert werden.

Das brauchst du:

6x 200 g Fischfilets

125 g Mehl

125 ml Bier

1 Ei

2 Eiweiß

Olivenöl

Salz und Pfeffer

So geht's:

Mehl und Salz sollten zunächst in einer Schüssel gesiebt und anschließend die eine Hälfte des Biers hinzugegeben werden.

Die Mischung muss jetzt so lange geknetet werden, bis ein glatter, gleichmäßiger Teig entsteht.

Anschließend sollte die zweite Hälfte des Biers grob mit dem Teig verknetet und dann mit Abdeckung etwa 1 Stunde lang in den Kühlschrank gestellt werden.

Durch diesen Schritt wird der Teig weniger dünnflüssig und es lässt sich so leichter mit ihm arbeiten.

Das benötigte Eiweiß für die Marinade muss nur noch steif geschlagen und mit der restlichen Masse verrührt und individuell gewürzt werden, und schon ist diese fertig.

Die Fischfilets nach Wahl sollten im letzten Schritt in kleine Stücke geschnitten werden; wie groß genau die Stücke sind, ist jedem selbst überlassen.

Der Fisch wird nun in die Marinade getunkt und bei 200 °C in der Fritteuse oder bei höchster Stufe auf dem Herd in einer Pfanne gebacken, bis er goldbraun ist.

Traditionell isst man dazu Aioli und Salat, aber auch Pommes können dazu serviert werden.

Ein Stück Weißbrot ist in der holländischen Küche auch immer passend.

Saucijzenbrodjes – niederländische Blätterteigrollen gefüllt mit Hack

Übersetzt heißt „Saucijzenbrodjes“ „Würstchen im Blätterteig“ und im traditionellen Sinne werden sie mit Hackfleisch vom Rind zubereitet. Es gibt jedoch auch moderne Varianten des kleinen, abwechslungsreichen Blätterteig-Snacks mit Schinken und Käse oder einer Lachsfüllung.

Das traditionelle Gericht, so wie man es bei der holländischen Oma zum Abendessen serviert bekommt, ist hier aufgeführt.

Das brauchst du:

500 g Rinderhackfleisch

150 g Paniermehl

2 Eier

20 g Senf

450 g Blätterteig

Salz und Pfeffer, Gewürze nach Wahl

So geht's:

Zunächst muss das Hackfleisch mit viel Salz und Pfeffer sowie weiteren Gewürzen nach Wahl, einem Eiweiß, einem weiteren Ei und dem Paniermehl vermengt werden.

Die fertige Masse muss dann in 6 gleich große Würste aufgeteilt und jede dieser Würste mit einem Stück Blätterteig umwickelt werden.

Dabei ist wichtig, dass die Ränder des Blätterteigs fest zugedrückt werden.

Die glatte Oberfläche der Blätterteigrollen muss außerdem, bevor sie in den Ofen können, in gleichmäßigen Abständen leicht eingeritzt werden. Nachdem die Saucijzenbrodjes 30 Minuten lang bei 200 °C in einem auf Umluft eingestellten Ofen waren, sind sie auch schon fertig.

Sie können dann sowohl warm als Mahlzeit als auch kalt als Snack für zwischendurch gegessen werden

Snert – reichhaltiger Erbseneintopf

Sobald der Winter einbricht, ist diese holländische Erbsensuppe mit Fleischbeilage überall in den Niederlanden erhältlich.

Traditionell wird sie mit „Roggenbrood“, das mit dem deutschen Schwarzbrot zu vergleichen ist, serviert.

Das Brot wird außerdem häufig mit Speck belegt.

Ob bei der holländischen Oma am Mittagstisch oder in einem kleinen Restaurant in Amersterdam, die Suppe hilft, die kalten Wintertage wärmer zu gestalten.

Die Suppe ist sehr einfach zu kochen, aber relativ zeitaufwendig, weshalb du mit Geduld und genügend Zeit an die Sache rangehen solltest.

Das brauchst du:

500 g grüne Spliterbsen

1 l Gemüsebrühe

1,5 l Wasser

150 g Zwiebeln

80 g Karotten

100 g Frühlingszwiebeln

150 g Porree

20 g Butter

50 g Petersilie

50 g Sellerie

100 g Suppengrün

200 g geräucherter Speck

Salz und Pfeffer

So geht's:

Die Erbsen müssen zunächst zusammen mit dem Speck in einem großen Topf in der Gemüsebrühe und dem Wasser aufkochen.

Parallel dazu sollte das restliche Gemüse vorbereitet werden; es muss gewaschen, geschält und anschließend gewürfelt werden.

Das Gemüse kann jedoch erst in den Topf gegeben werden, wenn die Erbsen bereits eine Stunde gekocht haben.

Insgesamt muss die Suppe für mindestens 3 Stunden kochen, da die Spliterbsen in diesem Schritt komplett zerfallen müssen.

In der letzten halben Stunde des Kochvorganges müssen zudem das Suppengrün, die Petersilie und eine gewünschte Menge Salz und Pfeffer in den Topf gegeben werden.

Nach den 3 Stunden Kochen sollte die Suppe abgeschmeckt und gegebenenfalls mit mehr Salz, Pfeffer oder Petersilie verfeinert werden.

Gehaktnestjes – Hackfleischnester in Tomatensauce

Ins Deutsche übersetzt bedeutet „Gehaktnestjes" schlicht und einfach „Gehacktes". Hinter dem besonderen Gericht steckt jedoch viel mehr als nur eine Portion Hackfleisch, weshalb es sich auf jeden Fall lohnt, es einmal zu Hause auszuprobieren.

Das brauchst du:

4 hartgekochte Eier

400 g Hackfleisch

1 rohes Ei

1 Zwiebel

Salz und Pfeffer

200 ml Fleischbrühe

300 ml passierte Tomaten

50 g Semmelbrösel

etwas Knoblauchpulver

etwas Zucker

etwas Senf

etwas Öl zum Braten

etwas Petersilie

So geht's:

Als Erstes werden das Hackfleisch, das rohe Ei, die fein gewürfelte Zwiebel, der Senf, das Salz, der Pfeffer und die Semmelbrösel lange und ausgiebig verknetet.

Im nächsten und wichtigsten Schritt nimmst du dir die gekochten Eier, pellst die Schale ab und wickelst anschließend eine dicke Schicht Hackfleischmasse um jedes der Eier.

Danach müssen Semmelbrösel überall auf dem eingewickelten Ei verteilt und eingedrückt werden.

Brate nun die Eier in einer Pfanne zusammen mit etwas Olivenöl, Salz und Pfeffer von allen Seiten an.

Dann muss die Fleischbrühe in die Pfanne geschüttet werden und die Eier müssen darin für ca. 10 Minuten ziehen.

In der Zwischenzeit kannst du die Sauce zubereiten, indem du die passierten Tomaten mit Salz, Pfeffer und Zucker mischst.

Durch den Zucker verringerst du den sauren Geschmack der Tomatensoße ein wenig.

Zum Anrichten der Hacknester bedeckst du den Teller mit Tomatensoße, bestreust diese mit Petersilie und legst schließlich ein Hacknest darauf.

Tipp: Serviere die Hacknester außerdem mit einem frischen Bauernsalat oder einem selbst gemachten Kartoffelpüree.

Zuurvlees oder Zoervleis – Holländisches Sauerfleisch

Zoervleis ist limburgisch für „saures Fleisch“ und ist ein regionales Fleischgericht aus der Provinz Limburg, einer Region zwischen den Niederlanden und Belgien.

Über die Jahrzehnte hat sich das Gericht in ganz Holland verbreitet und ist dort nun vor allem bei Einheimischen sehr beliebt.

Das brauchst du:

500 g Rindergulasch

3 Nelken

3 Lorbeerblätter

350 g Zwiebeln

50 g Mehl

120 g brauner Zucker

125 ml Kräuteressig

Salz und Pfeffer

So geht's:

Im ersten Schritt muss der Rindergulasch zusammen mit Olivenöl, Salz und Pfeffer auf dem Herd in einer Pfanne angebraten werden.

Parallel sollten die Zwiebeln zunächst halbiert und schließlich in Ringe gespalten werden. Diese werden, wenn das Fleisch fast komplett durchgebraten ist, in die Pfanne dazugegeben, sodass sie glasig werden. Gerne kann hier auch ein Löffel Zucker zu den Zwiebeln dazugegeben werden, damit diese karamellisieren.

Wenn sowohl die Zwiebeln als auch das Fleisch gar sind, müssen der Essig, der restliche Zucker, die Nelken und die Lorbeerblätter hinzugefügt werden.

Nachdem das Ganze verrührt wurde, muss es für mindestens 2 Stunden auf kleiner Stufe aufkochen.

Vor dem Verzehr sollte noch das angegebene Mehl untergerührt werden, damit die Soße richtig bindet.

Als Beilage zu einem Zoervleis ist vieles möglich. Beliebt sind Spätzle, Pommes und Semmelknödel.

Niederländische Stampfkartoffeln mit Birne und Speck

Das sehr spezielle Gericht heißt auf Holländisch auch Blauwe Bliksem, also „blauer Blitz“.

Es bietet ein für den deutschen Gaumen ungewöhnliches Geschmackserlebnis, denn typisch für die niederländische Küche werden hier süße und herzhafte Zutaten verwendet.

Eine Empfehlung für jeden experimentierfreudigen Hobby-Koch.

Das brauchst du:

600 g Kartoffeln

150 g Salat

2 Birnen

150 g Speck

100 ml Milch

10 g Butter

5 g Zimt

etwas Zucker

Muskatnuss

Salz und Pfeffer

So geht's:

Als Erstes müssen die Birnen geschält und daraufhin in kleine, gleichmäßige Würfel geschnitten werden.

Auch die Kartoffeln müssen anschließend geschält und kleingeschnitten werden. Daraufhin kommen sie für ca. 15 Minuten in kochendes Salzwasser.

Der gewürfelte Speck kommt zusammen mit den bereits gewürfelten Birnen, etwas Butter und einem Löffel Zucker kurz in eine Pfanne, damit beide zusammen anbraten.

In der Zwischenzeit sollten die Kartoffeln fertig gekocht sein. Sie werden dann zusammen mit der Milch, der Butter, dem Salz, dem Pfeffer, dem Muskat und dem Zimt zu einer geschmeidigen Masse zerstampft werden.

Der Salat muss als Nächstes in die gewünschte Größe geschnitten werden, allerdings nicht allzu groß und mundgerecht. Dieser wird anschließend zusammen mit den Birnen und dem Speck unter den fertigen Kartoffelbrei gemischt.

Tipp: Hebe ein wenig Speck zur Dekoration der Teller auf, solltest du für jemanden außer dir selbst kochen.

Waterzooi – Flämischer Fischeintopf

Der Waterzooi ist ein traditioneller flämischer Eintopf. Der Name des Gerichts ist niederländisch, wobei „zooien“ „kochen“ und „Water“ „Wasser“ bedeutet.

Da er seinen Ursprung in der Stadt Gent hat, wird er auch häufig Genter Waterzooi genannt.

Traditionell wird er mit Süß- oder Salzwasserfisch zubereitet, in modernen Versionen jedoch mit Huhn. Das resultiert aus dem altertümlichen Glauben der Niederländer, dass die Gewässer um Gent herum zu verschmutzt seien, als dass sich dort Fische befinden könnten.

Sowohl mit Fisch als auch mit Huhn, Waterzooi ist ein sehr reichhaltiger und köstlicher Eintopf.

Das brauchst du:

2 Karotten

150 g Sellerie

50 g Petersilie

10 g Zwiebel

500 ml Fischfond

250 ml Weißwein (halbtrocken oder trocken)

600 g Fischfilets

200 ml Sahne

2 Eigelb

20 ml Zitronensaft

So geht's:

Im ersten Schritt müssen die Möhren, der Sellerie, die Petersilie und die Zwiebeln geschält und gewürfelt werden.

Daraufhin wird das gesamte Gemüse in Butter leicht angebraten und muss dann für 10-15 Minuten auf dem Herd dünsten.

Währenddessen sollten die Fischfilets in kleine Stücke geschnitten und mit Salz und Pfeffer bestreut werden.

Wenn das geschehen ist, sollte das Gemüse fertig sein. Dann werden der Weißwein und der Fischfond dazugegeben und das Ganze wird kräftig verrührt.

Auch der Fisch wird vorsichtig untergerührt und der Eintopf muss nun für 20 Minuten auf dem Herd köcheln, damit der Fisch gar wird.

Gerne kann zwischendurch immer wieder umgerührt werden.

Und schon ist der Fischeintopf fertig.

Tipp: Etwas frische Petersilie über den fertigen Waterzooi streuen; das sorgt für einen besonders intensiven Geschmack.

Maastricher Pfannkuchen mit Edamer und Speck

Ein Urlaub in den Niederlanden ist undenkbar, ohne wenigstens einmal die traditionellen „Pannekoeken“ probiert zu haben.

Besonders an den Pfannkuchen ist ihre Größe, denn sie sind ein ganzes Stück größer als die deutschen van Kuchen, die wir gewohnt sind.

Serviert werden sie entweder süß, beispielsweise mit Äpfeln oder Sirup, oder, wie hier, herzhaft.

Das brauchst du:

4 Eier

300 g Mehl

0,5 l Milch

200 g frischer Speck

200 g Edamer in Scheiben

etwas Salz

So geht's:

Zunächst wird ein dünnflüssiger Teig zubereitet, indem das Mehl, die Eier, das Salz und die Milch in einer Schüssel vermischt werden.

Während der Teig für einige Minuten ruht, kannst du den Speck mit etwas Butter in einer Pfanne anbraten und anschließend abtupfen, um das überschüssige Fett abzutragen.

Heize in der Zwischenzeit den Backofen auf 100 °C Umluft vor.

Aus dem vorbereiteten Teig können 4 Portionen an Pfannkuchen zubereitet werden.

Dafür musst du eine beliebige Anzahl von Speckstückchen in eine Pfanne geben und daraufhin jeweils ein Viertel des Teiges hinzugeben.

Da der Teig relativ dünn ist, dauert es nur 1-2 Minuten, bis du den Pfannkuchen wenden kannst.

Bevor du ihn jedoch wendest, solltest du ca. 50 g Edamer pro Pfannkuchen in die Pfanne streuen.

Die Pannekoeken sollten am besten heiß und somit sofort gegessen werden.

Krentebollen – holländische Rosinenbrötchen

Die Krentebollen sind womöglich das international bekannteste Gericht aus den Niederlanden. Deshalb dürfen sie in keinem Kochbuch mit holländischen Gerichten fehlen. Sie passen zu jedem Anlass, egal ob zum Frühstück oder zum Kaffee bei einer Geburtstagsfeier; die holländischen Rosinenbrötchen kommen immer sehr gut an.

Das brauchst du:

500 g Weizenmehl

20 g Hefe

350 ml Milch

75 g Butter

300 g Rosinen

1 Zitrone

etwas Salz

So geht's:

Als Erstes muss die Hefe in der Milch langsam aufgelöst werden und das Ganze wird dann mit dem Mehl, der einen Hälfte des Zuckers und dem Salz zu einem geschmeidigen Teig verknetet.

Falls der Teig zu fest ist, kannst du auch etwas mehr Milch als angegeben zu dem Teig geben.

Stell ihn, nachdem er fertig geknetet wurde, an einen möglichst warmen Ort, zum Beispiel auf eine Heizung.

Dort muss er für mindestens 30 Minuten bleiben.

Parallel sollten die Rosinen für einige Minuten in Wasser eingeweicht und anschließend mit einem Küchentuch gründlich abgetrocknet werden.

Die Milch, die restliche Butter und der restliche Zucker werden nun gemeinsam geschmolzen und nach den 30 Minuten unter den Teig geknetet.

Dieser muss daraufhin weitere 30-60 Minuten an einem warmen Ort ruhen.

Die Rosinen müssen jetzt als Letztes noch zu dem Teig gegeben werden, bevor dieser in den Ofen kann.

Dafür solltest du den Ofen auf 200 °C Ober-/Unterhitze vorheizen und den Teig zu kleinen, runden Brötchen formen.

Die Krentebollen brauchen etwa 45 Minuten, bis sie fertig gebacken sind.

Traditionell werden sie mit Butter oder Marmelade gegessen.

Niederländischer Fleischtopf mit Bandnudeln

Der niederländische Fleischtopf mit Bandnudeln ist ein modernes Rezept, das in Holland oftmals zum Abendessen, zu Feiern und auch an Festtagen zubereitet wird.

Das brauchst du:

250 g Bandnudeln

200 g geriebenen Gouda

400 g Schweinefilet

100 g gekochten Schinken

50 g Butter

1 Becher Sahne

125 ml Gemüsebrühe

Salz und Pfeffer, Majoran

etwas Weißwein

So geht's:

Als Erstes musst du die Bandnudeln in gesalzenem Wasser für 10 Minuten kochen und schließlich mit der Hälfte des Käses vermischen.

Danach gibst du das Ganze in eine Auflaufform, die du vorher mit Butter eingerieben hast.

Im nächsten Schritt solltest du das Schweinefleisch in dünne Scheiben schneiden und anschließend zusammen mit Salz, Majoran, Pfeffer und etwas Olivenöl in einer Pfanne für 5-10 Minuten anbraten.

Wenn das Fleisch gar ist, musst du die Gemüsebrühe, die Sahne und erneut etwas Salz, Majoran und Pfeffer in die Pfanne geben und den Inhalt für 15 Minuten aufkochen lassen.

Die Sauce und das Fleisch kommen dann gemeinsam mit etwas Weißwein, den Schinkenstreifen und dem restlichen Käse in die Auflaufform.

Bevor du diese für 20-25 Minuten bei 200 °C Umluft in den Ofen gibst, solltest du einmal kräftig umrühren.

Oliebollen – eine Teigspezialität mit Äpfeln und Rosinen

Auf Deutsch heißt „Oliebollen" „Ölballen" und wird traditionell an Silvester und Neujahr gegessen, aber auch auf Jahrmärkten oder Kirmessen gibt es die leckere Teigware zu kaufen.

Holländer verbinden mit dem Gericht eine Festivität. Ob in den Niederlanden oder in Deutschland, mit den Oliebollen holst du dir ein Stück Festtagsstimmung nach Hause.

Das brauchst du:

500 g Mehl

35 g Hefe

25 g Zucker

0,5 l Milch

200 g Rosinen

100 g Apfel

etwas Puderzucker

1 Zitrone

So geht's:

Zunächst müssen die Hefe und die Milch in einen Topf gegeben und das Ganze so lange verrührt werden, bis die Hefe aufgelöst ist.

Wenn sie aufgelöst ist, werden die restliche Milch, das Mehl, das Salz und der Zucker dazugegeben und dann verknetet, bis ein geschmeidiger Teig entsteht.

Die Rosinen und die Korinthen werden dann mit dem Teig vermischt. Anschließend wird dieser abgedeckt und für eine Stunde an einen möglichst warmen Ort gestellt, beispielsweise im Ofen auf sehr niedriger Stufe oder auf einer Heizung.

Nach der Stunde kann der Teig auch schon frittiert werden.

Ein Oliebollen braucht ca. 5-6 Minuten in der Fritteuse und besteht aus zwei Esslöffeln voll Teig. Nach dem Frittieren können die Teigbällchen noch mit Puderzucker verfeinert werden und schon sind sie fertig für den Verzehr.

Altholländische Poffertjes

Poffertjes werden überall auf der Welt auf Festen, Jahrmärkten oder Ähnlichem angeboten.

Die leckere Speise, die mit Pfannkuchen zu vergleichen ist, kommt jedoch ursprünglich aus den Niederlanden und es gibt sie dort an jeder Ecke zu kaufen.

Aus diesem Grund darf das Rezept für die altholländischen Poffertjes auch bei uns nicht fehlen.

Das brauchst du:

125 g Mehl (Type 405)

125 g Buchweizenmehl

1 Ei

250 ml Milch

250 ml Wasser

20 g Hefe

70 g Butter

etwas Salz

etwas Puderzucker

So geht's:

Es ist wichtig, von Anfang an zu beachten, dass man zur Zubereitung von Poffertjes eine spezielle Pfanne benötigt.

In den Niederlanden sind sogenannte Poffertjes-Pfannen sehr geläufig, eine Blini-Pfanne oder eine Äbleskiver-Pfanne reichen aber auch völlig aus.

Zunächst muss die Hefe in ca. 50 ml Milch aufgelöst und anschließend mit dem Weizenmehl und dem Buchweizenmehl verknetet werden.

Danach werden außerdem die Butter und das Salz hinzugefügt, sodass ein gleichmäßiger Teig entsteht.

Du kannst ihn mit den Händen verkneten, aber auch mit einem Handrührgerät.

Bevor der Teig weiterverarbeitet werden kann, muss man ihn für 30 Minuten gehen lassen.

Hierfür muss er mit einem feuchten Tuch bedeckt werden.

Um die Poffertjes zu backen, musst du eine kleine Menge Teig zusammen mit etwas Butter in die Pfanne geben.

Die Poffertjes brauchen nur wenige Sekunden, um goldbraun und somit fertig gebacken zu sein.

Tipp: Bestreiche sie mit etwas Butter vor dem Verzehr für einen besonders intensiven Geschmack. So werden sie auch traditionell in den Niederlanden gegessen.

Rijstevlaai - holländischer Reiskuchen

Die niederländische Backkultur sorgt international immer wieder für Begeisterung; da können andere Länder, wie auch Deutschland, schlichtweg nicht mithalten. Besonders außergewöhnlich ist die Rijstevlaai, eine süße Reistorte.

Der ursprüngliche Name des Desserts war Limburgse Rijstevlaai, da in der südlichen Region der Niederlande, in Limburg, eine große Menge an Kuchen und Torten erfunden wurden, die von der Machart und dem Geschmack mit den bekannten Pies zu vergleichen sind.

Das brauchst du:

Teig:

125 g Mehl

40 ml Milch

25 g Butter

40 g Zucker

1 Ei

10 g Hefe

etwas Salz

Belag:

450 ml Milch

2 Eier

75 g Zucker

100 g Reis

50 g Butter

etwas Salz

So geht's:

Im ersten Schritt muss eine Hälfte der Milch auf dem Herd aufgekocht und mit dem Reis und dem Salz vermengt werden. Das Ganze muss dann eine Stunde lang bei mittlerer Hitze auf dem Herd bleiben.

Gerne kann zwischendurch umgerührt werden.

In der Zwischenzeit werden 2 Eier zusammen mit Zucker geschlagen, nach kurzem Aufschlagen kommen auch noch der Vanillezucker und das Puddingpulver dazu.

Wenn die Masse ein wenig abgekühlt ist, wird sie mit der Butter, dem Salz und der Milch verrührt. Die Milch sollte vorher erhitzt werden. Der Topf kann dann erstmal eine Weile beiseitegestellt werden.

Schnapp dir eine Schüssel und gib die restliche Milch, die Hefe, das Ei, den Zucker und das Salz hinein und verknete die Mischung zu einem geschmeidigen Teig. Der fertige Teig muss dann für eine Stunde an einem warmen Ort ruhen.

Der Teig sollte durch den Schritt etwas dicker sein und es sollte einfach sein, ihn flach auszurollen.

Wähle eine mittelgroße Kuchenform und bedecke sie mit dem ausgerollten Teig.

Bevor der Kuchen in den Ofen kann, muss der Teig in der Kuchenform mit dem beiseitegestellten Milchreis bedeckt werden.

Der Kuchen muss dann für eine Stunde bei 180 °C Umluft im Ofen backen und kann danach sofort verzehrt werden.

Er kann jedoch auch für einige Stunden in den Kühlschrank und dann kalt gegessen werden.

Tompoes – holländische Puddingschnitten

Die leichten Küchlein aus den Niederlanden bestehen aus mehreren Schichten Blätterteig sowie Vanillepudding und einer dünnen Glasur aus Zucker. Eine Leckerei, die jede Naschkatze einmal probiert haben sollte!

Das brauchst du:

Kuchen:

120 g Puderzucker

15 g Eiweiß

Lebensmittelfarbe Rot/Orange

2 Stücke/Scheiben Blätterteig

Pudding:

20 g Mehl

5 g Salz

10 g Vanillezucker

40 g Zucker

3 Eigelb

250 ml Milch

So geht's:

Zunächst muss der Backofen auf entweder auf 220 °C Ober-/Unterhitze oder auf 200 °C Umluft vorgeheizt werden.

Zur selben Zeit sollte der Blätterteig aus dem Kühlschrank geholt und nach etwa 15 Minuten in kleine Quadrate (5 cm x 5 cm) geschnitten werden.

Daraufhin müssen die Blätterteigstückchen außerdem in regelmäßigen Abständen leicht mit einer Gabel angestochen werden.

Der Teig braucht dadurch nur 10 Minuten, bis er durchgebacken ist; das erkennt man an der goldgelben Farbe.

Während der Teig im Ofen gebacken wird, sollte die Puddingcreme zubereitet werden.

Dafür muss die Milch in einem Topf auf dem Herd erhitzt und der Vanillezucker, das Salz, das Mehl und die Eigelbe untergerührt werden.

Wenn das passiert ist, sollte der Herd ausgestellt und die Masse davon heruntergenommen werden.

Die weitere Ei-Mischung muss nun so lange mit der Masse verrührt werden, bis eine cremige Puddingmischung entsteht.

Diese muss dann abgedeckt und in den Kühlschrank gestellt werden, bis sie abgekühlt ist.

Während der fertige Pudding abkühlt, sollte die Zuckerglasur angefertigt werden.

Hierfür muss einfach die Lebensmittelfarbe mit dem Puderzucker und dem Eiweiß verrührt werden.

Der abgekühlte Pudding kann jetzt einfach auf den Blätterteigstückchen verteilt werden und anschließend eine zweite Hälfte darauf aufgelegt werden.

Das Ganze muss jetzt nur noch mit der Glasur überstrichen und für etwa eine Stunde in den Kühlschrank gestellt werden und schon sind die holländischen Puddingschnitten fertig!

Apfelflappen – niederländische Apfeltaschen

Eine absolute Empfehlung von jedem Liebhaber von traditionellem Apfelstrudel mit Zimt und Zucker.

Durch ihre praktische Größe und Form sind sie perfekt geeignet für unterwegs.

Das brauchst du:

2 Äpfel

200 g Blätterteig

1 Ei

50 g Rosinen

etwas Zimt (1 TL)

etwas Zucker (2 TL)

So geht’s:

Im ersten Schritt müssen die Äpfel gewaschen, geschält und anschließend in kleine Würfel geschnitten werden.

Vermenge sie als Nächstes in einer großen Schüssel mit dem Zimt, den Rosinen und dem Zucker.

Der Blätterteig sollte dann in gleich große Quadrate zerschnitten und danach mit der Füllung belegt werden.

Um die dreieckige Form zu erhalten, klappst du ihn einmal zusammen.

Die Apfeltaschen müssen daraufhin für 15 Minuten in einen Backofen, der auf 200 °C Umluft eingestellt ist.

Kletskoppen – holländische Knusperkekse

Übersetzt bedeutet „Kletskoppen“ „Quatschköpfe“ und die leckeren Kekse sind nicht nur wegen ihres Namens, sondern auch wegen ihres superleckeren, süßen Geschmacks bei Kindern beliebt. Sie sind hauchdünn und deshalb perfekt zum Naschen für zwischendurch.

Das brauchst du:

60 g Butter

125 g braunen Zucker

60 g Weizenmehl

50 g geriebene Mandeln

etwas Salz

etwas Zimt

etwas Wasser

So geht's:

Zunächst werden die Butter, der Zucker, der Zimt, das Salz, die Mandeln und das Mehl grob miteinander verrührt.

Heize in der Zwischenzeit den Backofen auf 200 °C Umluft vor und forme dann aus dem zubereiteten Teig kleine Kugeln, die du anschließend plattdrückst und auf einem Backblech verteilst.

Wichtig ist, dass ein gewisser Abstand zwischen den Keksen besteht, da sie im Ofen etwas aufgehen.

Die Kletskoppen benötigt nur ca. 5 Minuten, bis sie durchgebacken sind.

Schokoladenkuchen mit Eierlikör

Dieser Nachtisch ist ein ganz besonderes Rezept aus den Niederlanden und passt ausgezeichnet zu fast jedem Anlass.

In Holland isst man ihn oftmals nachmittags zum Kaffee und das das ganze Jahr über.

Jeder mit einer Schwäche für Süßspeisen sollte dieses Dessert einmal probiert haben.

Das brauchst du:

250 g Butter

150 g Zucker

50 g Vanillezucker

50 g Paniermehl

4 Eier

50 ml Eierlikör

300 g Mehl

20 g Backpulver

125 g Schokoladenraspeln

etwas Puderzucker

etwas Salz

So geht's:

Zunächst musst du die Butter erwärmen, sodass sie flüssig wird, und anschließend mit dem Zucker, dem Vanillezucker, den Eiern, dem Salz und dem Backpulver verrühren.

Mach damit so lange weiter, bis eine schaumige Masse entsteht.

Als Nächstes werden das Mehl, das Paniermehl und der Eierlikör schrittweise untergerührt.

Der fertige Teig sollte danach bei 175 °C Umluft für ca. 60 Minuten im Backofen durchgebacken werden.

Im Anschluss muss der Kuchen für mindestens 15 Minuten abkühlen und kann dann mit etwas Puderzucker bestreut werden; so sieht er außerdem optisch schöner aus.

Besonders am Schokoladenkuchen mit Eierlikör ist, dass er kaltgestellt mindestens eine Woche lang noch genauso gut schmeckt wie am ersten Tag.

Gefüllte Spekulatius mit Marzipan

Dieses Rezept ist ganz anders als der Spekulatius, den wir alle kennen. An den Feiertagen gibt es diese Spekulatius bei jedem Niederländer zu Hause und in der Weihnachtszeit überall zu kaufen. Sie sind eine super Ergänzung für jeden Haushalt und zwar nicht nur im Winter, sondern das ganze Jahr über.

Das brauchst du:

400 g Marzipan

250 g Mehl

1 Ei

250 ml Mehl

125 g brauner Zucker

175 g Butter

50 ml Milch

25 g Mandeln (halbiert)

etwas Muskat

etwas Salz

etwas Spekulatiusgewürz (2 EL)

So geht's:

Im ersten Schritt solltest du den Backofen auf 175 °C Umluft vorheizen, da die Vorbereitung der Kekse nicht viel Zeit in Anspruch nimmt.

Als Nächstes wird das Ei mit einer Hälfte des Marzipans, dem Mehl, dem Zucker, dem Spekulatiusgewürz und dem Salz zu einem geschmeidigen Teig verknetet.

Der fertige Teig muss anschließend in zwei Teile aufgeteilt und flach ausgerollt werden.

Daraufhin musst du eine der Teighälften mit Marzipan und den Mandeln bedecken und dann die andere Teighälfte darauflegen.

Das Ganze wird dann in den vorgeheizten Ofen geschoben und muss dort für 30 Minuten bleiben.

Wenn der Teig durchgebacken ist, kannst du ihn in beliebig große Stücke teilen.

Warte damit aber besser, bis er ausgekühlt ist, da dann der Marzipan nicht mehr flüssig ist.

Holländischer Apfelkuchen

Ein Apfelkuchen ist in einem niederländischen Haushalt ein echter Klassiker.

Man kommt in einem Urlaub in Holland oder bei einem Besuch bei der holländischen Familie auf jeden Fall nicht um ihn herum und aus diesem Grund darf er auch in keinem niederländischen Kochbuch fehlen.

Das brauchst du:

300 g Mehl

125 g Puderzucker

2 Eigelb

800 ml Milch

50 g Vanillezucker

20 g Backpulver

100 g geriebene Mandeln

225 g Butter

100 g Puddingpulver (Vanille)

100 g Zucker

1 kg Äpfel

etwas Honig

etwas Salz

So geht's:

Das Mehl, eine Hälfte des Zuckers, das Backpulver, der Vanillezucker, das Salz, die Eigelbe und eine Hälfte der Milch werden zu einem dicken, gleichmäßigen Teig verknetet.

Das funktioniert am besten mit einer Küchenmaschine.

Anschließend wird er in einer Backform verteilt und leicht eingedrückt.

Als Nächstes muss die Butter in einem Topf geschmolzen werden und mit der zweiten Hälfte des Zuckers sowie der zweiten Hälfte der Milch, dem Honig und den Mandeln vermischt werden.

Dieser Schritt wird so lange durchgeführt, bis der Zucker aufgelöst ist.

Der Pudding wird ebenfalls aus dem Puddingpulver hergestellt. Hierfür orientierst du dich am besten an der Packungsbeilage des Pulvers.

Schneide dann die Äpfel in kleine Stückchen.

Der zubereitete Pudding muss mit der geschmolzenen Butter-Zuckermischung und den Apfelstückchen zu einer Masse zusammengerührt werden.

Diese wird anschließend über den Teig in der Backform gegossen und der Kuchen kommt daraufhin für mindestens 45 Minuten in einen Backofen, der auf 180 °C Umluft eingestellt wurde.

Niederländische Eierlikörtorte

Das brauchst du:

400 g Löffelbiskuits

5 Eigelb

250 g Butter

200 g Puderzucker

150 ml Eierlikör

100 ml Rum

100 ml schwarzer Kaffee

200 ml Sahne

2 Päckchen Vanillezucker

1 Päckchen Sahnesteif

So geht's:

Als Erstes muss die Butter mit dem Puderzucker, dem Eierlikör und dem Eigelb zu einer schaumigen Creme aufgeschlagen werden.

Das kann etwas Zeit in Anspruch nehmen, ist jedoch sehr wichtig für das Gelingen der Torte; deshalb solltest du hier geduldig sein.

Auch der Kaffee und der Rum werden miteinander vermischt.

Im nächsten Schritt musst du eine beliebige Form immer abwechselnd mit den Löffelbiskuits, dann mit der Rum-Kaffeemischung auslegen.

Dieser Vorgang wird so lange wiederholt, bis alles aufgebraucht ist.

Die Torte wird mit der aufgeschlagenen Sahnecreme bedeckt und muss anschließend für mindestens 1 Stunde kalt stehen, bis sie verspeist werden kann.

Beliebig kannst du die Torte mit Tupfern aus Sahne oder Ähnlichem verzieren.

Rechtliche Hinweise

Im Besonderen sind dies die Bedingungen, die Sie in der aktuellsten Form jeweils unter

http://creativecommons.org/licenses/by-sa/3.0/deed.de einsehen

können.

Aktuell bedeutet dies konkret:

Sie dürfen:

- das Werk bzw. den Inhalt vervielfältigen, verbreiten und öffentlich zugänglich machen
- Abwandlungen und Bearbeitungen des Werkes bzw. Inhaltes anfertigen
- das Werk kommerziell nutzen

Zu den folgenden Bedingungen:

- Namensnennung — Sie müssen den Namen des Autors/Rechteinhabers in der von ihm festgelegten Weise nennen.
- Weitergabe unter gleichen Bedingungen — Wenn Sie das lizenzierte Werk bzw. den lizenzierten Inhalt bearbeiten oder in anderer Weise erkennbar als Grundlage für eigenes Schaffen verwenden, dürfen Sie die daraufhin neu entstandenen Werke bzw. Inhalte nur unter Verwendung von Lizenzbedingungen

weitergeben, die mit denen dieses Lizenzvertrages identisch oder vergleichbar sind.

ISBN 978-3-7531-6807-4
www.epubli.de

Printed in Poland
by Amazon Fulfillment
Poland Sp. z o.o., Wrocław

32151716R00072